BEI GRIN MACHT SICH IHR WISSEN BEZAHLT

AF167276

- Wir veröffentlichen Ihre Hausarbeit,
  Bachelor- und Masterarbeit

- Ihr eigenes eBook und Buch -
  weltweit in allen wichtigen Shops

- Verdienen Sie an jedem Verkauf

**Jetzt bei www.GRIN.com hochladen
und kostenlos publizieren**

Bibliografische Information der Deutschen Nationalbibliothek:

Die Deutsche Bibliothek verzeichnet diese Publikation in der Deutschen National-bibliografie; detaillierte bibliografische Daten sind im Internet über http://dnb.d-nb.de/ abrufbar.

Impressum:

Copyright © 2019 GRIN Verlag
Druck und Bindung: Books on Demand GmbH, Norderstedt Germany
ISBN: 9783346205353

Dieses Buch bei GRIN:

https://www.grin.com/document/902870

Anonym

Gesprächsführung und Beratung. Auseinandersetzung anhand eines Beratungsgespräches

GRIN Verlag

Inhalt

1. Einleitung

Das ausgewählte Beratungsgespräch fand am 24.05.2019 in der Hochschule Emden/Leer statt. Für das Gespräch haben wir vorab einen Seminarraum der Bibliothek reserviert, somit hatten wir für das Gespräch eine ungestörte Atmosphäre. Das Beratungsgespräch führten XY als Beraterin und XY als Klientin. XY war für die Videoaufnahme zuständig und XY und XY verfolgten das Gespräch und fertigten Notizen anhand des „Beraterverhaltens" im dafür vorgesehenen Beratungsbogen an.

Insgesamt haben wir vier Beratungsgespräche mit unserer Tutorin geführt. Von vier geführten Gesprächen ist dieses das Letzte, mit einer Dauer von 9 Minuten und 8 Sekunden. Wir haben uns für dieses Gespräch entschieden, da sich beide Beteiligte gut in die nachgestellte Situation einfühlen konnten. Über die Beobachtungsbögen hatten wir zusätzlich einen Überblick über die eingehaltenen Gesprächsphasen der Beraterin (vgl. Widulle 2012, S.74ff). Ferner gingen wir im Team nach dem Beratungsgespräch in die gemeinsame Reflexion und haben festgestellt, dass die Anzahl an gelungenen und weniger gelungenen Textpassagen bei diesem Beratungsgespräch für eine schriftliche Reflexion am meisten bieten würde.

Das ausgewählte Beratungsgespräch fand im Rahmen der Suchtberatung statt. Die Klientin kam nach Aufforderung ihres Mannes und nach einem Telefonat zwecks Terminvereinbarung in die Beratungsstelle. Zur Begrüßung ist die Beraterin aufgestanden und hat der Klientin die Tür geöffnet. Die Beraterin lud die Klientin ein, sich eine Sitzgelegenheit auszusuchen und gab ihr danach zur Begrüßung die Hand. Beraterin und Klientin sitzen sich schräg über die Ecke des Beratungstisches gegenüber, welches beiden Parteien eine freie Gesprächsatmosphäre bietet (vgl. Weinberger 2014, S. 137). Die Phase des „Joinings" dauerte ungefähr 15 Sekunden (vgl. Widulle 2012, S. 75) und wurde von der Beraterin mit einer konkreten Frage zum Anliegen der Klientin beendet. Daraufhin schildert die Klientin die berufliche Situation als Reinigungskraft und die damit einhergehenden psychischen Belastungen, die überwiegend durch ihre Arbeitszeiten und Arbeitskollegen hervorgerufen werden. Dieses veranlasst sie, laut ihrem Mann, zur Stressbewältigung überdurchschnittlich viel Alkohol zu konsumieren, welches ihrer Meinung nach noch im angemessenen Bereich liegt. Dies griff die Beraterin auf und fragte nach ihrer beruflichen und privaten Situation. Sie bezog die Meinung des Mannes der Klientin mit ein und das Geschilderte gab der Beraterin in dieser Phase den Impuls, nach Lösungen für die Klientin zu suchen und diese vorzuschlagen.

2. Reflexion einer gelungenen und weniger gelungenen Passage

Im Folgenden werden die gelungene und weniger gelungene Textpassage reflektiert und im Anschluss wird das gesamte Beratungsgespräch bewertet, hinsichtlich des Verlaufes und des Beraterverhaltens.

2.1 Gelungene Textpassage

In unserem Beratungsgespräch finden sich verschiedene Gesprächsphasen wieder (vgl. Widulle 2012, S.73). Die Klientin hat während des gesamten Gesprächs mehrfach geäußert, dass ihr Alkoholkonsum für sie kein schwerwiegendes Problem darstelle und sie sich aus Liebe zu ihrem Mann auf das Beratungsgespräch eingelassen habe. In diesem Videoabschnitt befindet sich die Beratung in der 3. Phase, der „Ist-Zustand erforschen" (vgl. Widulle 2007, S. 84f). Im Fokus der 3. Phase steht die thematische Bearbeitung des Anliegens. Diese Phase wird auch „Explorationsphase" genannt, welche das Ziel verfolgt, ein systematisches Auslegen, eine Eingrenzung und Auswahl und ein sachlich wie emotionales Vertiefen des Verständnisses des Ist-Zustandes zum Problem durch Klientin und Beraterin (vgl. ebd.).

In der gelungenen Passage leitet die Beraterin durch ihre Konkretisierungsfragen die Klientin an, über ihre Situation am Arbeitsplatz intensiver zu sprechen. Dies greift die Beraterin in ihrer Analyse mit auf und bittet die Klientin, den bestimmten, von ihr angesprochenen Aspekt, genauer zu definieren und zu konkretisieren, indem sie sagt: „(...) passiert das schon täglich oder jedes Mal nach der Arbeit oder nur, wenn sie die Schicht mit ihrer, ja, nicht so netten Kollegin haben?". Der Vorteil hierbei ist, dass es die Klientin aktiviert, genauer zu Denken und ihre Situation exakter zu formulieren. Sachverhalte können dadurch verdeutlicht und Informationen können konkreter wiedergegeben werden, welche wiederrum für die Analyse der Beraterin von Nutzen sein können. Denn auch „die Ermittlung von Fähigkeiten, Bereichen von Zufriedenheit und Wohlbefinden, von sozialen und personalen Ressourcen sind Teil dieser Analyse" (Widulle 2007, S. 85). Die Beraterin verhindert zudem durch diese Art der Fragestellung weitere Verallgemeinerungen und lenkt auf das gegenwärtige Problem. Sie möchte dadurch konkrete Aussagen bekommen und Hintergründe und Zusammenhänge erfahren. Hierzu führt die Beraterin die Fragestellung weiter, indem sie die Problematik am Arbeitsplatz mit dem daraus resultierenden Alkoholkonsum verknüpft. Die Klientin erwähnte zuvor, dass sie nicht aus eigenem Antrieb, sondern auf Anraten ihres Mannes einem Beratungsgespräch zugestimmt hat. Darauf geht die Beraterin ein und möchte diesen Sachverhalt von der Klientin noch einmal konkret geschildert bekommen. Sie fragt: „ja, also sehen Sie wahrscheinlich das gar nicht *so wie ihr Mann oder vielleicht auch, andere Leute? Kann ja sein, dass denen das auch schon aufgefallen ist oder so, also sind sie wirklich nur hier, weil ihr Mann das möchte, damit sie ihn quasi beruhigen. "*. Hier hat die Beraterin den gegenwärtigen Zustand noch einmal zusammengefasst und paraphrasiert. Dies ist eine Methode im Rahmen des „umschreibenden und aktiven Zuhörens" (vgl. Weinberger 2013, S. 51f). Sie gibt wörtlich wieder, ob sie den Sachverhalt korrekt verstanden hat und signalisiert der Klientin, dass sie ihr Anliegen, ihre Erfahrung und ihre Meinung erkannt hat. Der Vorteil des aktiven Zuhörens besteht darin, dass die Beraterin somit selbst Zeit gewinnt, um ihre eigenen Gedanken zu sortieren. Sie sammelt Argumente und erfährt dadurch die Meinung und die Motive der Klientin. Ein Perspektivwechsel ist zudem durch die Beraterin gegeben, als diese nach der Meinung ihres Mannes und ihres Umfeldes fragt. Die Beraterin regt die Klientin zu einer Differenzierung des Gesagten an, indem sie ihre Äußerung von verschiedenen Blickwinkeln betrachten soll. Sie erweitert somit das Wahrnehmungsfeld der Klientin, so dass bisher nicht beachtete Aspekte der Klientin zugänglich gemacht werden können (vgl. Weinberger 2013, S.76f).

Ferner hat sie anhand dieser Art der Befragung die Klientin aktiviert, welche daraufhin zustimmt und ein weiteres Beispiel gibt: *„Ja, weil er dann [...] Ja. Eigentlich schon. Also er sagt dann auch ähm, immer so: Ja, sonst trenne ich mich von dir, und also dann geht es auch immer richtig rund, weil er mich als Alkoholikerin abstempelt. Aber letztens zum Beispiel: da ähm, hatte ich eine Woche Urlaub und da habe ich auch nichts getrunken. "* Inhaltlich wird deutlich, dass die Beziehung zu ihrem Mann darunter leidet. Der Partner hat eine bestimmte Erwartungshaltung gegenüber der Klientin. Die ungute Situation entsteht mitunter durch die Forderungen und unerfüllten Erwartungen, überdiese er enttäuscht und bestrafend reagiert *(„[...] Ja, sonst trenne ich mich von dir.")*. Somit verändert sich der partnerschaftliche Fokus und es geht vermehrt um einen Defizitblick. Durch die Unzufriedenheit mit der Situation am Arbeitsplatz und dem daraus resultierenden Konsum, verschlechtert sich zusätzlich die private Situation Zuhause. Die „angegriffene" Klientin geht angesichts der Dominanz und Vehemenz ihres fordernden Mannes in Widerstand und Rückzug *(„Aber letztens zum Beispiel: da ähm hatte ich eine Woche Urlaub und da habe ich auch nichts getrunken.")*. Dies grenzt an eine Art Teufelskreis: Je nachdem, wie Erwartungen und Forderungen mitgeteilt werden – und auch in welcher Intensität – führt dies zu Abwehr und Gegenwehr seitens der Klientin. Anstatt Kritik gut annehmen zu können und die Kritikpunkte zu bedenken, welche ihr Mann bezüglich des Konsums äußert, wird argumentativ verteidigt. Nicht der Wunsch auf Konsumminderung wird erkannt, sondern eine negative Kritik gehört. Auf einen vermeintlichen Angriff folgt postwendend ein Gegenangriff: Aktion und Reaktion. „Soziale und kulturelle Faktoren beeinflussen Menschen sowohl in der Wahrnehmung als auch in der Bewertung der Nutzen und Kosten ihres Verhaltens" (Miller 2009, S.35).

In diesem Zusammenhang bewerte ich das Verhalten der Klientin als eine Art der Ambivalenz und des Konfliktes. Genau zu definieren wäre, was die Klientin als den Nutzen oder die Kosten ihres Verhaltens ansieht. Genannte Vorteile im weiterführenden Gespräch sind der Stressabbau von der Arbeit und dass der Alkohol ihr hilft, zu entspannen. Nachteilig ist jedoch, dass es ihrer Ehe schadet und sie diese durch ihr Verhalten zerstören könnte. Zusätzlich ist ein vermehrter Alkoholkonsum gesundheitsschädlich, kostenintensiv und könnte schlussendlich auch zum Verlust der Arbeitsstelle führen.

2.2 Weniger gelungene Textpassage

Die weniger gelungene Passage beginnt ungefähr 50 Sekunden nach Beendigung der gelungenen Passage. In diesem Videoabschnitt befindet sich die Beratung in der 4. Phase, der Ziele entwickeln" (vgl. Widulle 2007, S.86).

> „Mit Klienten Bilder einer besseren Zukunft zu entwerfen, diese auf die aktuelle Problemsituation zu beziehen, sie als Ziele zu konkretisieren und zum Engagement für diese Ziele zu ermutigen, sind dabei die nächsten Schritte." (Widulle 2007, S.86)

Ein „Zukunftsbild" (vgl. ebd.) soll durch Hilfestellung der Beraterin entworfen und konkretisiert werden. Die Klientin hatte, wie bereits dargestellt, Schwierigkeiten mit ihrer Situation am Arbeitsplatz und den damit einhergehenden psychischen Belastungen, welche sie zum Alkoholkonsum bewegen. Die Beraterin griff die Problematik bezüglich des Konsums auf und schlug vor, dass die Klientin sich über Alternativen informieren könne, welche sie von ihren Belastungen am Arbeitsplatz sonst beruhigen. Die Beraterin schlägt mit dem Satz „Vielleicht nicht einen Jägermeister trinken, sondern eine halbe Stunde spazieren gehen. Ich weiß nicht, haben Sie einen Hund, oder so? Vielleicht mit dem spazieren gehen." Alternativen vor. Diese Aussage finde ich in unterschiedlichen Hinsichten nicht gelungen. Das Problem hierbei ist, dass die Klientin, durch Lösungsvorschläge seitens der Beraterin, gezwungen ist, mit Ja oder Nein zu antworten: „Ja, ja ich habe einen Hund. Ich habe auch eine ganz schöne Terrasse [...] ja das habe ich – da habe ich noch gar nicht so drüber nachgedacht." Die Beraterin legt ein dirigierendes Verhalten in ihre Aussage, gibt Ratschläge und bietet der Klientin somit eine Lösung für ihr Problem. Dies kann auf der einen Seite schwer für die Klientin sein, welche einen bestimmten Erfahrungshintergrund hat und in einer spezifischen Umweltkonstellation lebt, direkt eine Lösung für ihr Problem des Alkoholkonsums zu finden, zum anderen wird die Klientin dadurch in eine passive Rolle gedrängt. (vgl. Weinberger 2013, S.72) Eigene Lösungsansätze und Gefühle der Klientin werden nicht beachtet bzw. wird Seitens der Beraterin nicht darauf eingegangen und die Gefahr besteht, dass die Klientin spätestens beim nächsten Griff zur Flasche wieder auf einen guten Rat angewiesen ist. Ferner kann dies zusätzlich schwierig sein, da sich die Klientin in einer Situation wiederfindet, in welcher sie sich zu rechtfertigen hat. Vor ihr sitzt eine Beraterin, welche unterschiedliche Lösungsvorschläge gibt, mit welchen die Klientin eventuell aber nicht einverstanden ist. Lösungsvorschläge setzen sie somit dementsprechend unter Druck. Hinzukommt, dass selbsterarbeitete Entscheidungen und Ziele meist verbindlicher und von größerem Wert sind, als die von der Beraterin herangetragenen Zielsetzungen. Anstatt dass sie Lösungsvorschläge vorgibt, könnte die Beraterin die Klientin in ihrer Zielfindung mit einbeziehen und fragen: „Haben Sie schon einmal darüber nachgedacht, ob es vielleicht andere Möglichkeiten gibt den Stress zu kompensieren? Würden Sie gerne darüber reden, ob es andere Möglichkeiten gibt?". Denn entscheidend hierbei ist auch: Die Beraterin hat im Vorfeld auch nicht nachgefragt, ob die Klientin an Lösungsvorschlägen, die in diese Richtung gehen, interessiert ist und möchte diese eventuell auch gar nicht. Wie würde eine Alternative zum Stressabbau aussehen? Es ist entscheidend, dass kein Lösungsvorschlag seitens der Beraterin gegeben wird, sondern, dass Hilfe für bestimmte Themenbereiche angeboten werden. Ein Ansatz hierzu hätte sein können: „Gibt es sonst etwas, was Sie interessant finden? Würden sie darüber gerne reden wollen?". Diese Art der Fragestellung fördert die Bereitschaft und Aktivierung der Klientin und dadurch würden Lösungen gemeinsam entwickelt, anstatt von der Beraterin präsentiert werden. Ferner fördert ein Ratschläge bietendes, lenkendes Verhalten der Beraterin auch die Unselbstständigkeit und zugleich Abhängigkeit der Klientin. Wie bereits erwähnt, übt die Beraterin dadurch Druck auf die Klientin aus, sich dementsprechend zu verhalten, wenn die Klientin will, dass es ihr besser gehen soll (vgl. Weinberger 2013, S.73). Letztlich steht die Frage im Raum, ob der Klientin mit dem Ratschlag auch wirklich geholfen ist. Denn ist die Klientin der Situation, auf Alkohol zu verzichten nicht gewachsen und weiterhin darauf angewiesen, so wird sie sich vielleicht als Schuldige fühlen, da sie den Rat der Beraterin nicht befolgen konnte.

Weiterführend erzählt die Klientin, dass sie zum Runterkommen auch gerne „so ein paar Kräuter" konsumiert, „dann ist man ein bisschen beruhigter.". Auf diese Aussage reagiert die Beraterin meines Erachtens nicht sehr gelungen. Sie zeigt eine offensichtlich abwertende Haltung, indem sie antwortet: „[...] Ja, gut, Also „mal" ist das ja auch völlig in Ordnung, aber ich glaube, auf Dauer ist das auch nicht so gesund.". Die Stimmlage, der Tonfall und die Mimik der Beraterin verändern sich in eine negative Haltung, nachdem sie vom Mischkonsum erfährt und dies signalisiert, dass die Beraterin mit dieser Verhaltensweise der Klientin nicht konform ist. Die Beraterin hätte hierbei die Bedeutung des empa-

6

thischen Verstehens verinnerlichen können. Beim empathischen Verstehen erfährt die Klientin keine Belehrungen, Bewertungen oder Kritik seitens der Beraterin und wird so befähigt, angstfrei und ohne Abwehrmaßnahmen über ihre Gefühle und Konflikte zu sprechen (vgl. Weinberger 2013, S. 43). Zusätzlich geht das Verhalten der Beraterin ins Moralisieren. Hierbei stellt sich die Frage, wie das bei der Klientin ankommt. Wahrscheinlich weiß sie selbst, was sie von der Beraterin gesagt bekommt. Entscheidend hierbei wäre aber: Wie kommt die Klientin raus aus diesem Kreis? Denn es geht in erster Linie darum, die Klientin aus ihrer Sichtweise heraus zu verstehen, das bedeutet, sich als Beraterin selbst permanent die Frage zu stellen: „Wie sieht die Klientin das?" und nicht „Wie sehe ich das?". Dadurch entsteht nicht die Gefahr, dass persönliche Vorurteile oder Wertungen in die Gesprächssituation mit hineingebracht werden (vgl. Weinberger 2013, S. 69). Der zuvor erwähnte, veränderte Tonfall, trägt zusätzlich dazu bei, dass die Klientin auf ihre Empfindungen nichtzutreffende Äußerungen trifft.

In Bezug darauf, dass es sich um ein Erstgespräch handelt und die Beziehung zwischen Beraterin und Klientin noch nicht gestärkt ist, besteht hier zusätzlich die Gefahr, die Klientin wieder zu verlieren. „Ein empathisches Verstehen impliziert, dass Sie auch merken, was in dem Klienten während des Gesprächs vorgeht" (Weinberger 2013, S. 106). Die Beraterin hätte auch hier in ihrer weiterführenden Antwort mehr offene Fragen stellen und auf die Bereitschaft der Klientin zielen können, anstatt wieder vermehrt Lösungswege zu präsentieren: „Vielleicht ist es ja sogar, Yoga, könnte ja sein, vielleicht hilft Ihnen das ja oder auf ihre schöne Terrasse mit einem Tee. Ihrem Mann sagen, „wenn ich von der Arbeit komme, brauche ich wirklich mal eine halbe Stunde noch Pause", dann trink ich einen Tee, vielleicht eine Zeitung lesen, oder so und einfach mal runterkommen.". So gilt auch hier, keine Ratschläge zu erteilen bzw. anzubieten, sondern mit ihr gemeinsam Lösungen zu finden. Dadurch würde die Klientin erleben, dass die Beraterin ihr aktiv zugewandt ist und Anteil an ihr als Person und an ihren Emotionen nimmt. Die Beraterin arbeitet zwar lösungsorientiert, jedoch hätte sie lösungsorientierte Fragen stellen können. Diese fokussieren auf Ressourcen und positive Erfahrungen der Klientin und machen diese in der Wirklichkeit der Klientin sichtbar (vgl. Widulle 2012, S. 121). Eine lösungs-, kompetenz-, und ressourcenorientierte Frage wäre z.B.: „Was hat Ihnen neben dem Konsum noch geholfen, mit der Situation am Arbeitsplatz klarzukommen?".

3. Abschließende Bewertung des Beratungsgesprächs

Aufgrund unterschiedlicher Sichtweisen und Wirklichkeiten der Interaktionspartner, sind Beratungsgespräche nur ansatzweise planbar. Grund hierfür sind „u.a. die Flüchtigkeit von Gesprächen, sowie die Komplexität von Kommunikation. Gespräche folgen aber typi-

schen Mustern, sie verlaufen in bestimmten Phasen, die in ganz unterschiedlichen Ge-
sprächsformen auftreten." (Widulle 2012, S.73). Ferner sollte sich ein gelungenes Beratungsgespräch an verschiedenen Gesprächsphasen orientieren (vgl. ebd.). Zu Anfang
befinden sich die Gesprächspartner in der „1. Phase: Kontakt- und Situationsklärung" (vgl.
Widulle 2012, S.75). Dies beginnt mit der Begrüßungsphase, welche dazu dient, guten
Kontakt und eine Beziehung zueinander herzustellen. Aus Sicht der Beraterin bedeutet
dies, „Zuwendung, Präsenz und ungeteilte Aufmerksamkeit geben zu können." (Widulle
2007, S. 83). Die Anfangsphase beginnt bei unserem Beratungsgespräch mit dem Klop-
fen an der Tür und dem Hereinbitten der Klientin. Der erste Kontakt und die Begrüßung
erfolgten durch das Anbieten eines Sitzplatzes, gefolgt von einem Händeschütteln. Au-
ßerdem gehört auch dazu, eine zwischenmenschliche Beziehung zwischen Beraterin und
Klientin aufzubauen („Joining"). Rahmenbedingungen und der Grund des Gespräches
werden zudem in dieser Phase geklärt, um die gleichen Gesprächsvoraussetzungen zu
schaffen. Das „Joining" fällt in unserem Beratungsgespräch kurz aus, welches darauf zu-
rückzuführen ist, dass die Beraterin die Klientin mit der Aussage begrüßt, dass im Vorfeld
ein Telefonat zwecks Terminvergabe stattgefunden hat und somit sei der zu klärende An-
lass im Vorfeld schon gegeben. Eine Einstimmung auf die Klientin mit einer Frage, wie
z.B.: „Haben Sie gut hergefunden?" oder, dass die Beraterin selbst kurz von sich erzählt,
um dem Einstieg beider Parteien zu erleichtern, fand nicht statt.
„Wichtig ist auch, nicht hier schon in ein inhaltliches Gespräch einzusteigen, sondern diese Vor-Phase durchzuhalten" (Widulle 2007, S.84). Ein zeitlicher Rahmen wurde nicht
festgelegt, allgemeine Themen, kurze Notizen oder in welcher Beratungsstelle sie sich
befindet, wird nicht thematisiert. Die Klientin startet somit direkt und berichtet freiwillig,
offen und zielgerichtet über den Grund ihres Erscheinens.

In „Phase 2: Thema herausfinden" stehen die Klärung inhaltlicher Anliegen und Themen
und der Erwartungen und Gesprächsziele im Zentrum." (Widulle 2007, S. 84). Das Thema
und der Grund, die Beratung aufzusuchen, werden konkretisiert. In dieser Phase ist die
Aufgabe seitens der Beraterin, das Thema einzugrenzen, die Erwartungen der Klientin zu
erkennen, die Motivation der Klientin herauszufinden und eine Struktur für das Gespräch
zu bilden. Zu diesem Zweck sollte die Beraterin sich verschiedener Fragetechniken be-
dienen, welche verhelfen, die Kommunikation zu fördern. Dazu dienen bspw. offene Fragen, denn diese „bringen vielfältige Informationen und Antworten" (Widulle 2012, S.105)
und können zu einem positiven Verlauf helfen. Zu Beginn stellt die Beraterin offene Fragen in Bezug auf das Aufsuchen der Klientin. Diese betont, dass sie auf Anraten ihres
Mannes diesem Beratungsgespräch zugestimmt und nicht aus Eigenmotivation diesen
Schritt gewagt hat. Die Beraterin hat durch die Aussage der Klientin einen Eindruck über

die Meinung des Ehemannes erhalten und fragt weiter nach, wie die Klientin dies empfin-
det. Diese Fragetechnik ermöglicht der Beraterin, die Klientin in ihrem Erleben zu verstehen (vgl. Weinberger 2013, S.108). Die Klientin ist jedoch nicht der Meinung, dass sie ein
Suchtproblem hat, sondern dass der Konsum auf die Bedingungen am Arbeitsplatz zu-
rückzuführen sind.

Der Übergang zur 3. Phase der Gesprächsführung, ist die Phase des Erforschen des Ist-
Zustandes (vgl. Widulle 2007, S.85). Hierbei geht es um die inhaltliche Klärung des Problems der Klientin. Wichtig ist, unterschiedliche Problemlagen zu erkennen und zu benennen, denn nicht immer handelt es sich nur um ein einziges Problem, welches es zu lösen
gilt (vgl. ebd.). Innerhalb dieser Phase geht die Beraterin zwar auf die Aspekte des Trin-
kens, ausgelöst durch die schlechten Bedingungen am Arbeitsplatz ein, jedoch in keinster
Weise, was dazu geführt hat, dass es am Arbeitsplatz gegenwertig für die Klientin nicht zu
ertragen ist. Die Beraterin hätte in dieser Phase vermehrt auf die Gefühlslage der Klientin
eingehen müssen, indem sie sich nicht auf die Ursache (Konsum) und die Ursachenbe-
hebung fokussiert, sondern auf den Hintergrund, bspw. durch Fragen wie „Warum ist die
Arbeit für sie nicht mehr zu ertragen?" oder „Möchten Sie mir erzählen, was am Arbeitsplatz mit ihrer Kollegin vorgefallen ist, dass das Zusammenarbeiten mit ihr erschwert?"
Ferner sollte der Sprechanteil überwiegend bei der Klientin liegen. Zumindest so lange,
bis die Beraterin die Klientin möglichst komplex verstanden hat (vgl. Widulle 2012, S.76).
Um Sachverhalte besser zu verstehen, kann die Beraterin verschiedene Methoden, neben
den eben genannten Gesprächstechniken, nutzen. In dieser Phase konzentrierte sich die
Beraterin auf die Art des Konsums, zu welchen Begebenheiten die Klientin konsumiert
oder ob dies situationsabhängig ist und hört ihr in einer offenen, zugewandten Haltung
aufmerksam zu.

> „Aufmerksam zuzuhören, ist in allen Gesprächsformen die wichtigste Kommunikationsform
> für die Ermutigung der Gesprächspartner zum Berichten und für die Verständigung der
> Gesprächspartner." (Widulle 2012, S. 104)

Auch hiernach stellt die Beraterin Fragen, bezüglich des Ist-Zustandes. Dies geschieht
durch eine Mischung aus offenen und geschlossene Fragen. „Offene Fragen bringen vielfältige Antworten und Informationen." (Widulle 2011, S. 97). Dies veranlasst die Klientin
mehr über ihre Problemsituation offen zu sprechen. Durch die geschlossenen Fragen wird
die Klientin jedoch veranlasst, mit Zustimmung zu antworten. „Geschlossene Fragen bringen nur wenig Information, sie können nur mit ja oder nein beantwortet werden." (ebd.).
Aus diesem Grund sollte diese Art der Befragung nur genutzt werden, wenn sie der Absi-
cherung von Informationen dienen (vgl. ebd.). Nachteil bei dieser Fragetechnik ist, dass

die Beraterin dadurch die unterschiedlichen Problemstellungen nicht abgrenzen kann. Die Beraterin verwendet zudem „Kontroversfragen" (vgl. ebd.), welche die Klientin in ihren Gefühlen und Aussagen einengen. Dies veranlasst die Klientin vorschnell und übereilt zu antworten (vgl.ebd). Die Klientin berichtet von ihrer familiären Situation und von der Sichtweise ihres Mannes. Gefühle ihrerseits werden nicht thematisiert, da die Beraterin darauf nicht eingeht bzw. dies durch offene Fragen nicht bei der Klientin aktiviert, darüber zu sprechen. Somit paraphrasiert die Beraterin den Sachverhalt, welche die Klientin ge- schildert hat. Zur Klärung von Sachverhalten ist das Paraphrasieren eine wichtige Ge- sprächstechnik. Diese sollte nur dann genutzt werden, wenn die Gedanken der Klientin diffus sind und das Paraphrasieren dem gegenseitigen Verstehen dient (vgl. Widulle 2011, S. 98).

In der 4. Phase, der „Ziele entwickeln" (vgl. Widulle 2007, S.86) geht es um die Entwick- lung eines Sollzustandes, welcher aus der problematischen Situation herausführt (vgl. ebd.). Wichtig in dieser Phase ist, dass es der Beraterin gelingt, neue Sichtweisen darzu- stellen, mit diesen zu konfrontieren und zu hinterfragen. Sie dient weiterhin auch der Ent- wicklung von Zielen und Zukunftsbildern, weil dabei individuell auf die Bedürfnisse der Klientin eingegangen werden kann (vgl. ebd.). Diese Phase tritt die Beraterin eigenständig an, ohne von der Klientin um Vorschläge gebeten zu werden. Ob die Beraterin dadurch auf die Wünsche der Klientin eingeht, indem sie anfängt, Lösungsvorschläge einzubrin- gen, bleibt ungewiss und spekulativ. Der Sprechanteil liegt in dieser Phase fast aus- schließlich bei der Beraterin und das leitet die Klientin dazu an, nur mit Zustimmung auf die Lösungsvorschläge zu reagieren. Die Ideen der Beraterin nimmt die Klientin an, je- doch sollte es in dieser Phase um die gemeinsame Entwicklung von Zukunftsbildern ge- hen (vgl. Widulle 2011, S.68). Hier hätte die Beraterin die Klientin mehr einbinden müs- sen. Bei der Planung von Zielen in der Sozialen Arbeit ist die „SMART" Formel eine nutz- bare Methode. Es geht darum, dass bei einer Person die Bereitschaft, ein Ziel zu errei- chen individuell steigerbar ist, wenn sie eine Rückmeldung zu ihren erreichten Zielen oder Teilzielen erhält (vgl. Suarez 2012, S. 48). Dabei steht das S für spezifisch, was bedeutet, dass die Ziele auf die Person individuell zugeschnitten sind. Das M steht für Messbarkeit der Ziele. Sie müssen demnach nachprüfbar sein anhand konkreter Kriterien. Das A steht für Attraktivität der Ziele. Dies bedeutet, die Ziele müssen von den Klienten erreicht wer- den wollen, weil die Klienten einen positiven Nutzen daraus haben. Das R steht für realis- tisch sein und bedeutet, dass die Ziele auch tatsächlich erreichbar sind und konkret for- muliert sein müssen. Das T steht für terminiert. Dies bedeutet, dass für das Erreichen der Ziele ein bestimmterZeitraum formuliert sein muss. (vgl. ebd.). Eine Orientierung an die SMART-Methode hätte diese Phase besser strukturieren können. Denn in dieser Beratung zeigt sich, dass die Beraterin sowohl nicht eigenständig als auch nicht gemeinsam mit der Klientin zusammen, Ziele formuliert.

Hier zeigt sich der Übergang zur 5. Phase, der „Umsetzung planen" (vgl. Widulle 2007, S.87), da die Beraterin in ihrem Redefluss und Ratschläge erteilten Verhalten, Handlungsstrategien präsentiert. In dieser Phase sollte es um die Vertiefung und Prägnanz der Gefühle oder um die sachliche Problemlösung gehen (vgl. Widulle 2011, S.68), jedoch überhäuft die Beraterin die Klientin mit ihren eigenen Lösungsansätzen und dadurch resigniert die Klientin, gibt keine eigenen Lösungsvorschläge und stimmt der Beraterin bei jeder neuen Idee einfach nur zu. Ferner kommt die Klientin durch den regen Redefluss der Beraterin kaum zu Wort. Ein gemeinsames Brainstorming von Klientin und Beraterin wäre in dieser Phase gewünscht (vgl. Widulle 2007, S.87). Dies dient zur Beteilung der Klientin an eigenen Umsetzungsideen, welche ihr bei der Bewältigung des Problems helfen können. Da in diesem Beratungsgespräch keine klare Zielformulierung stattgefunden hat, konnte auch keine konkrete Handlungsstrategie erarbeitet werden. Jene Strategien wurden vorschnell seitens der Beraterin an die Klientin herangetragen (bspw. Yoga, auf der Terrasse Tee trinken, spazieren gehen) ohne die Klientin mit in die Findung einzubeziehen. Jedoch hätte die Beraterin die Klientin bei der Entscheidungsfindung nur beratend zur Seite stehen und sie in einer sinnvollen Entscheidung unterstützen sollen (vgl. ebd.). „Lösungswege sollen durch die Klientin kontrollierbar sein, denn wenn die in hohem Maß von außen abhänge, wird die Umsetzung schwierig sein." (Widulle 2007, S. 87).
Ferner ist die Phase von Unterstützung und Stärkung von Fähigkeiten der Klientin geprägt (vgl. ebd.). Dies wird durch die Beraterin nicht gegeben. Gegenteilig zeigt die Beraterin sogar moralisierendes Verhalten, indem sie ein negatives Werturteil abgibt. Dadurch fällt sie ein Urteil über die Klientin aus ihren eigenen Normen und Wertvorstellungen heraus, indem sie ihr den Konsum vorhält. (vgl. Weinberger 2013, S. 75). Auf die Klientin und ihr individuelles Problem wird nicht eingegangen, viel mehr wird sie an bestimmten Normen gemessen und bewertet. Dies führt dazu, dass durch die negativen Werturteile und die Kritik der Beraterin, die Klientin sich „abkanzelt" und sich gemaßregelt fühlt (vgl. ebd.).

Danach geht es in die „6. Phase: Zusammenfassen, Einordnen und Vereinbaren" (vgl. Widulle 2007, S.87). Diese Phase dient zum verstandesmäßigen Einordnen und zu Hausaufgaben. Hier ist die Aufgabe der Beraterin, die Klientin zu unterstützen, die Lösungsansätze, Erkenntnisse und Einsichten noch abschließend einzuordnen (vgl. ebd.). Die Zusammenfassung des Gehörten und das Festhalten von Vereinbarungen hat in diesem Gespräch nicht stattgefunden. Die Beraterin gab der Klientin zwar die Hausaufgabe mit, sich Gedanken über die präsentierten Handlungsvorschläge der Beraterin zu machen, griff jene Handlungsvorschläge jedoch direkt wieder auf. Hinzukommt, dass die Beraterin diese Aufgabe sehr fordernd an die Klientin gestellt hat (Sie müssen sich Gedanken dazu machen; Sie müssen sich mit ihrem Mann zusammensetzen). Ferner gibt die Beraterin durch diese Art der Beratung der Klientin das Gefühl, dass das Problem ohne die Unterstützung ihres Mannes, nicht zu schaffen ist („Sie brauchen die Unterstützung ihres Mannes").

In dieser Phase ist „ein Feedback auf die Wahrnehmung von Erleben und Ausdruck der Klientin möglich" (Widulle 2007, S. 88). Dies hat im Rahmen des Beratungsgespräches nicht stattgefunden. Dadurch, dass die Beraterin zum Ende dieser Phase auf den Ehemann der Klientin und dessen Meinung eingegangen ist, konnte die Klientin auch hier nicht über ihre Gefühlslage und ihr Erleben sprechen. Sie sprach die Vorschläge der Beraterin nochmal aus und wiederholte jene Handlungsansätze, welche die Beraterin im Laufe des Gespräches vermehrt getätigt hat.

Den Übergang zur 7. Phase, der „Situation abschließen" (vgl. ebd.) eröffnet die Beraterin eigenständig und leitet die Beendigung des Gespräches ein. Dies sollte jedoch eine abschließende Reflexion des Gespräches sein. Hierbei ist es wichtig für die Klientin und die Beraterin die abschließende Stimmung wahrzunehmen und zu benennen. Die Beraterin sollte dafür sorgen, dass die Klientin noch Ballast loswerden kann. Tiefergehende offene Fragen können angesprochen werden, denn dies dient zusätzlich der Festigung der professionellen Beziehung zwischen Klientin und Beraterin (vgl. ebd.). Dies hat in unserem Beratungsgespräch nicht stattgefunden. Da die Beraterin im Vorfeld wieder auf ihre eigenen Ideen eingegangen ist und die Klientin somit nicht einbezogen hat, wäre eine gemeinsame abschließende Reflexion von Vorteil gewesen. Dies ist wichtig, damit eventuell entstehender Unmut nicht erst außerhalb des Beratungsgespräches auftritt und dazu führen könnte, dass die Hilfe nicht weiter in Anspruch genommen wird oder Gefühle auslöst, mit denen die Klientin noch gar nicht bereit ist umzugehen.

Insgesamt lässt sich sagen, dass es sich um ein sehr oberflächliches und einseitiges Beratungsgespräch seitens der Beraterin handelte. Die Beraterin hat sich moralisierend und vorschnell handlungs- und lösungsorientiert verhalten, ohne die Klientin und dessen Emotionen einzubeziehen. Kern des Gespräches war die Umsetzung, den Alkoholkonsum zu beenden und nicht die Probleme am Arbeitsplatz zu thematisieren und zu verändern. Schlussendlich geht die Klientin, ohne dass ihr geholfen wurde aus dem Beratungsgespräch heraus, da ihr bezüglich der Probleme am Arbeitsplatz und die daraus resultierenden psychischen Belastungen, welche sie zum Alkoholkonsum brachten, nicht geholfen wurden. Da ihre Gefühlslage seitens der Beraterin nicht aufgegriffen wurde und diese im stetigen Redefluss war, konnte die Klientin keine Fragen stellen und somit konnten diese auch nicht beantwortet werden. Die Klientin befand sich im dauerhaften Zustand, Antworten auf Aussagen der Beraterin zu geben. Der Beraterin ist es somit nicht gelungen, den Kern der Problemlage der Klientin zu erfassen und konnte die Gesamtheit des Problemsder Klientin nicht erkennen. Hilfreiche Anregungen, welche neue Sichtweisen ermöglichen und Anreiz zur Selbstreflexion bieten, wurden nicht gegeben.

4. Gesamtreflexion

Im Beratungsgespräch konnten alle Beteiligten feststellen, dass man sich gut in eine reale Situation dieser Art hineinversetzen konnte. Die Beraterin hat in der abschließenden Reflexion angemerkt, dass sie sich besser hätte vorbereiten müssen und erkannte selbst ihre zu starke Präsenz. Der Klientin und der Beraterin fiel auf, dass die Beraterin sich in eine Richtung verwickelte, welche von der Klientin nicht gewünscht war. Die Beraterin zeigte sich innerhalb dieses Reflexionsgespräches reflektiert und erkannte, dass sie ihr Verhalten mehr an die Bedürfnisse und Intentionen der Klientin und die im Seminar gelernten Gesprächstechniken und Gesprächsphasen hätte anpassen sollen.

Für mich persönlich sind die im Seminar gelernten Inhalte ein wertvoller und wichtiger Schritt für die Weiterentwicklung meines Beraterverhaltens in der Praxis. Die Anwendung der verschiedenen Frageformen (vgl. Widulle 2011, S.97ff), das Wissen um die Gesprächstechniken (vgl. Widulle 2011, S. 67ff) und die Gesprächsphasen (vgl. Widulle 2007, S.83ff) stellt eine wichtige Grundlage für ein professionelles Beraterverhalten dar. Wenn ich das 2. Fachsemester mit seinen Lerninhalten reflektiere, hat mir dieses Seminar, mit dem zur Berufsfeldorientierung am meisten genutzt. Diese helfen mir meine praktisch anwendbaren Techniken zu erweitern und somit meine Professionalität steigern zu können. Da ich vor meinem Studium und nun auch währenddessen als Erzieherin in der Jugendhilfe (Heimarbeit) tätig war/bin, bin ich im fortlaufenden Prozess, diese Techniken anzuwenden und zu optimieren. Das bewusste Umgehen, welches ich durch die Ausbildung und die Arbeit erlernt habe, verhilft mir durch die Seminarinhalte nun mehr, dies zu festigen. Der praktische Bereich, in welchem ich gegenwärtig tätig bin, hilft mir dabei, mich darin weiter auszuprobieren. Mir wurde bewusst, dass meine professionelle Haltung, der Umgang mit Klienten und der Austausch mit meinen Arbeitskollegen einen ständigen Selbstreflexionsprozess darstellen.

5. Literaturverzeichnis

Culley, S. (2002): Beratung als Prozeß. Beltz: Weinheim/Basel

Mutzeck, W. (2002): Kooperative Beratung. Beltz: Weinheim/Basel

Suarez, M. (2012): Motivierende Gesprächsführung mi jungen Erwachsenen.
Beltz: Weinheim/Basel

Weinberger, S. (2013): Klientenzentrierte Gesprächsführung. Beltz Juventa:
Weinheim/Basel

Widulle, W. (2007): Gesprächsführung in der Sozialen Arbeit. Springer: Wiesbaden

Widulle, W. (2011): Gesprächsführung in der Sozialen Arbeit. Springer: Wiesbaden

Widulle, W. (2012): Gesprächsführung in der Sozialen Arbeit. Springer: Wiesbaden

Anhang:

Transkription der Textpassagen

Beobachtungsbogen Beraterverhalten

Transkription der Textpassage

<u>Gelungene Passage:</u>

Beraterin:

#00:01:58-1# „Okay (.) und passiert das schon täglich oder jedes Mal nach der Arbeit (.) oder nur, wenn sie die Schicht mit ihrer ähm (.) ja, nicht so netten Kollegin haben?" #00:02:06-3#

Klientin:

#00:02:07-2# „Ja, immer so nach der Arbeit dann ne." #00:02:09-5#

Beraterin:

#00:02:10-1# „okay (…) ja also sehen Sie wahrscheinlich das gar nicht so wie ihr Mann oder vielleicht auch (.) andere Leute. Kann ja sein, dass denen das auch schon aufgefallen ist oder so (.) und ähm (.) also sind Sie wirklich nur hier, weil ihr Mann das möchte, damit sie ihn quasi beruhigen" #00:02:25-4#

Klientin:

#00:02:26-5# „Ja, weil er dann (.) also (.) ja. Eigentlich schon (.) Also er sagt dann auch ähm (…) immer so (…): ja, sonst trenne ich mich von dir (.) und also dann geht es auch immer richtig rund, weil er mich als Alkoholikerin abstempelt. Aber letztens zum Beispiel (.) da ähm hatte ich eine Woche Urlaub und da habe ich auch nichts getrunken." #00:02:45-4#

<u>Weniger gelungene Passage:</u>

Beraterin:

#00:03:38-4# „Oder (.), um das Problem Alkohol an sich anzugehen: vielleicht könnten Sie ähm (.) sich mal informieren, was Sie vielleicht auch anderweitig runterbringt. Vielleicht nicht einen Jägermeister trinken, sondern (..) eine halbe Stunde spazieren gehen.

Ich weiß nicht, haben Sie einen Hund (.), oder so? Vielleicht mit dem spazieren gehen."

#00:03:54-3#

Klientin:

#00:03:54-5# „Ja, ja ich habe' einen Hund. Ich habe' auch eine ganz schöne Terrasse (.) aber ähm (.) ja das habe ich – da habe ich noch gar nicht so drüber nachgedacht (.) Also ich habe dann (.) das hat eigentlich immer so ganz gutgetan, so ein paar Kräuter (.) dann ist man ein bisschen beruhigter (.) so (.)." #00:04:09-3#

Beraterin:

#00:04:10-5# „Jaa ((nickt zustimmend)) (..) ja, gut (..). Also „mal" ist das ja auch völlig in Ordnung (.) aber ich glaub' auf Dauer ist das auch nicht so gesund (.) und ähm, es gibt auch definitiv andere Möglichkeiten (dieses Runterbringens). Es muss nicht vielleicht Alkohol sein (.) und da können Sie sich ja vielleicht mal informieren, was für Sie am besten ist. Vielleicht ist es ja sogar (.) Yoga, könnte ja sein, vielleicht hilft Ihnen das ja oder (..) auf ihre schöne Terrasse mit einem Tee. Ihrem Mann sagen, „wenn ich von der Arbeit komme, brauche ich wirklich mal eine halbe Stunde noch Pause", dann trink ich einen Tee, vielleicht eine Zeitung lesen, oder so und einfach mal runterkommen (..)." #00:04:43-4#

Gesprächsführung und Beratung
Soziale Arbeit, 2. Fachsemester
Abgabe: 13.07.2019

Beobachtungsbogen Beraterverhalten

Beobachtungskriterien	Beobachtung +	0	-	Bemerkungen
Gesprächsanfang				
- nonverbales Erleichtern des Einstiegs	X			- freundliche Begrüßung, Tür aufgehalten, Hand gegeben
- eher zurückhaltend mit „Input"			X	und Platz angeboten, hält
- keine belanglose Konversation am Anfang	X			Augenkontakt
- Pausen aushalten			X	- kurzes „Joining": keine Infos über die Beratungsstelle oder
- Gespräch strukturieren: Infos, Ziel & Zeit			X	Beraterin.
- Erstgespräch: Infos Notizen, Vertraulichkeit, Rolle Berater, Klientenerwartungen		X	X	- Keine Notizen
Ziele setzen				
- Problembeschreibung Klient ermöglichen	X			- Problemstellung erfragt, Informationsaustausch
- Verhaltenskonsequenzen durch Klient beschreiben lassen			X	- Konsequenzen wurden durch Klientin selbst aufgezeigt
- Veränderungswünsche thematisieren	X			
- Ziele gemeinsam entwickeln			X	- Beraterin gibt eigene Lösungen und entwickelt sie
- klare, transparente spezifische Ziele			X	nicht mit der Klientin
- Klienten auf Ziele mündlich verpflichten			X	- Keine klar geäußerten Ziele
Differenzierendes Verhalten				- Bezieht sich auf den
- Berater geht auf Wichtiges ein			X	Auslöser (Arbeitsstelle)
- relevante Verhaltensweisen erkennen		X		- Perspektivwechsel: „Was denkt ihr Mann darüber?"
- Hinweise auf Gefühle aufgreifen	X			- Gemütszustand der Klientin wird nicht weiter
- Ermuntern zum über Gefühle reden			X	angesprochen; Kein: „Wie
-				geht's es Ihnen damit?"

17

- Ermuntern: Erkenntnis eigenen Verhaltens			X	- Bezieht keine eigenen Erfahrungen mit ein
- von Entschuldigungen, Ausreden abhalten		X		
- mit Widersprüchen konfrontieren		X		- Klientin davon überzeugt, dass sie kein Problem hat
- Handlungsvorschläge machen	X			
- paraphrasieren	X			- gibt Lösungsvorschläge
- ambivalente Gefühle aufgreifen			X	- Zusammenfassung der Schilderung, der Klientin
- Ermuntern, negative Gefühle ansprechen		X		
- Vermutungen über Gefühle Klient anstellen			X	- Gefühlslage wird nicht Aufgegriffen, Beraterin überträgt Gefühle auf Klientin
Gesprächsende				
- Ankündigung Ende	X			- Beraterin gibt der Klientin eine Aufgabe zum Handeln Zuhause mit
- kein neues Material gegen Ende	X			
- letzte 5´: kein neues Thema				
- Beim Abschluss nicht nochmals anfangen			X	- Verweist wieder auf eigene Lösungsvorschläge
- Hinweis auf Zeit oder Zusammenfassen		X		
- nächsten Termin anbieten oder hinweisen			X	- Beraterin hat keinen neuen Termin angeboten

BEI GRIN MACHT SICH IHR WISSEN BEZAHLT

- Wir veröffentlichen Ihre Hausarbeit, Bachelor- und Masterarbeit

- Ihr eigenes eBook und Buch - weltweit in allen wichtigen Shops

- Verdienen Sie an jedem Verkauf

Jetzt bei www.GRIN.com hochladen und kostenlos publizieren